LOS INSECTOS

La cucaracha

Karen Hartley, Chris Macro y Philip Taylor

Traducción de Patricia Abello

Heinemann Library
Chicago, Illinois

First published in this edition 2003

Customer Service 888-454-2279
Visit our website at www.heinemannlibrary.com

Designed by Celia Floyd
Illustrations by Alan Fraser
Printed and bound in the United States by Lake Book Manufacturing, Inc.

07 06 05 04 03
10 9 8 7 6 5 4 3 2 1

Library of Congress Cataloging-in-Publication Data
Hartley, Karen, 1949–
    [Cockroach. Spanish]
    La cucaracha / Karen Hartley, Chris Macro y Philip Taylor ; traducción de Patricia Abello.
        p. cm. — (Los insectos)
Summary: A simple introduction to the physical characteristics, diet, life cycle, predators, habitat, and lifespan of cockroaches.
    Includes bibliographical references (p.) and index.
    ISBN 1-4034-3009-8 (HC)   ISBN 1-4034-3032-2 (pbk.)
1. Cockroaches—Juvenile literature. [1. Cockroaches. 2. Spanish language materials.] I. Macro, Chris, 1940- II. Taylor, Philip, 1949- III. Title. IV. Series.

QL505.5.H2818 2003
595.7'28—dc 21

                                    2002191312

Acknowledgments
The author and publishers are grateful to the following for permission to reproduce copyright material:
Ardea: P. Goetgheluck, pp. 6, 10, 22; E. Lindgren, p. 11; J. Mason, pp. 14, 24, 27; A. Weaving, pp.12, 26; Bruce Coleman: A. Purcell, p.19; K. Taylor, pp. 13, 21, 23, 25, 28; C. Varndell, p. 16; R. Williams, p. 5; Trevor Clifford, p. 29; NHPA: ANT, p. 9; G. Bernard, p. 17; S. Dalton, p. 4; M. Garwood, p. 18; D. Heuclin, p. 20; Okapia: M. Kage, p. 7; N. Lange, p. 8; Oxford Scientific Films/D. Curl, p. 15.

Cover photograph: Gareth Boden (child); S Dalton, NHPA (cockroach)

Unas palabras están en negrita, **así.** Encontrarás el significado de esas palabras en el glosario.

Contenido

¿Qué son las cucarachas? 4

Cómo son las cucarachas 6

¿De qué tamaño son
las cucarachas? 8

Cómo nacen las cucarachas 10

Cómo crecen las cucarachas 12

Qué comen las cucarachas 14

¿Qué animales comen cucarachas? 16

Dónde viven las cucarachas 18

Cómo se mueven 20

Cuánto viven las cucarachas 22

Qué hacen las cucarachas 24

¿Qué tienen de especial
las cucarachas? 26

Pensemos en las cucarachas 28

Mapa del insecto 30

Glosario 31

Más libros para leer 32

Índice 32

¿Qué son las cucarachas?

Las cucarachas son **insectos.** Las vemos en casas y edificios. Pero la mayoría vive afuera. Hay 3,500 clases de cucarachas. Sólo 20 son una **plaga.**

Las cucarachas existen desde hace 300 millones de años. Vivían con los dinosaurios. Hoy hay cucarachas en muchas partes del mundo, desde selvas hasta desiertos.

Cómo son las cucarachas

Las cucarachas tienen cuerpo plano y ovalado. Tienen seis patas largas y delgadas con **cerdas**. Nosotros tocamos y sentimos con la piel. La cucaracha siente con las cerdas.

Las cucarachas tienen dos **pares** de alas. Tienen un par de **antenas** en la cabeza. Las antenas son como la nariz de la cucaracha. Le sirven para oler.

¿De qué tamaño son las cucarachas?

Unas cucarachas son grandes. Otras son pequeñas. En Europa las cucarachas son muy chiquitas. Algunas caben en un botón o una moneda pequeña.

Las cucarachas que viven en las selvas **tropicales** son mucho más grandes. Pueden llegar a ser tan largas como tu mano.

Cómo nacen las cucarachas

Todas las cucarachas nacen de huevos. Unas **hembras** ponen los huevos en un paquete en forma de cofre. Así **protegen** los huevos para que no se sequen.

Unas hembras cargan los huevos
hasta que nacen. Eso puede durar
ocho semanas. Del huevo salen **ninfas.**
Las ninfas tienen que crecer y cambiar.
Les salen alas.

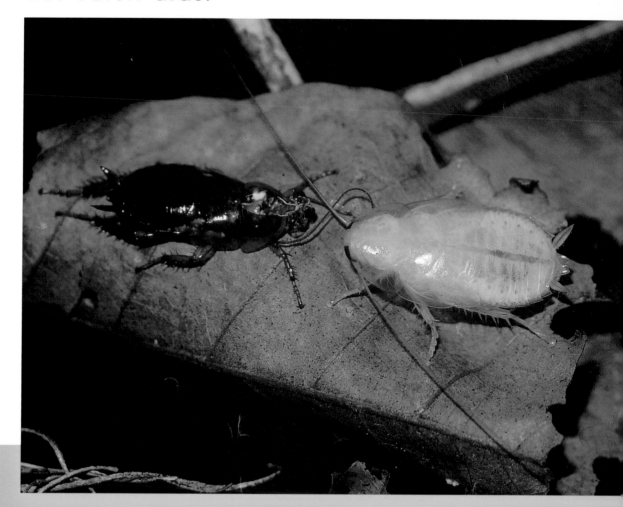

Cómo crecen las cucarachas

Cuando las **ninfas** crecen, la piel les queda pequeña. Tu piel crece cuando creces, pero la piel de las ninfas no crece. Les tiene que salir una piel nueva.

Cuando la nueva piel está lista, la ninfa sale de la vieja piel. Cada vez que **muda** de piel, las alas crecen. Unas mudan de piel una vez por semana.

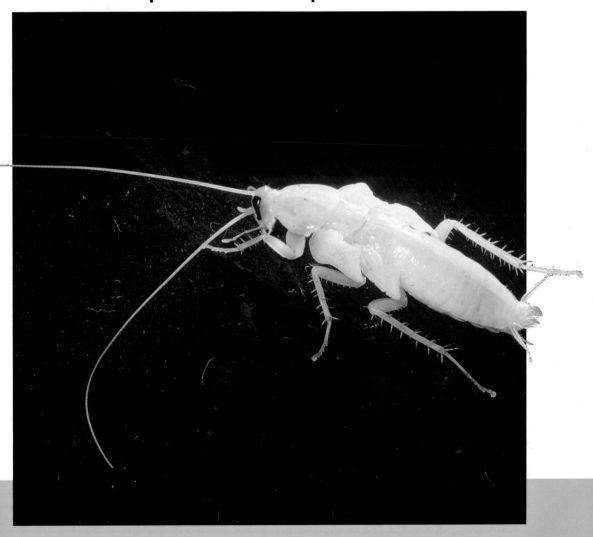

Qué comen las cucarachas

Las cucarachas son **carroñeras**. Comen casi de todo. Comen plantas y animales muertos. Algunas comen jabón, papel y pegamento.

El alimento de las cucarachas depende del lugar en donde viven. Las cucarachas que viven en lugares cálidos comen madera podrida.

¿Qué animales comen cucarachas?

Otros **insectos** comen cucarachas.
Las lagartijas, las ranas y los pájaros
comen cucarachas. Para **protegerse,**
unas cucarachas doblan las patas hacia
dentro y forman una bola.

¿Sabías que algunas personas también
comen cucarachas? En India y América
del Sur se comen cucarachas.

Dónde viven las cucarachas

Las cucarachas viven en muchas partes.
Sobreviven si hay agua y hace calor.
La mayoría vive en el suelo de bosques.
Unas viven en las copas de los árboles.
Otras viven en cuevas con murciélagos.

Si viven en casas y edificios son una **plaga.** Viven donde sea fácil conseguir alimento y agua, como una panadería o un restaurante. En esos lugares hace calor, aun durante el invierno.

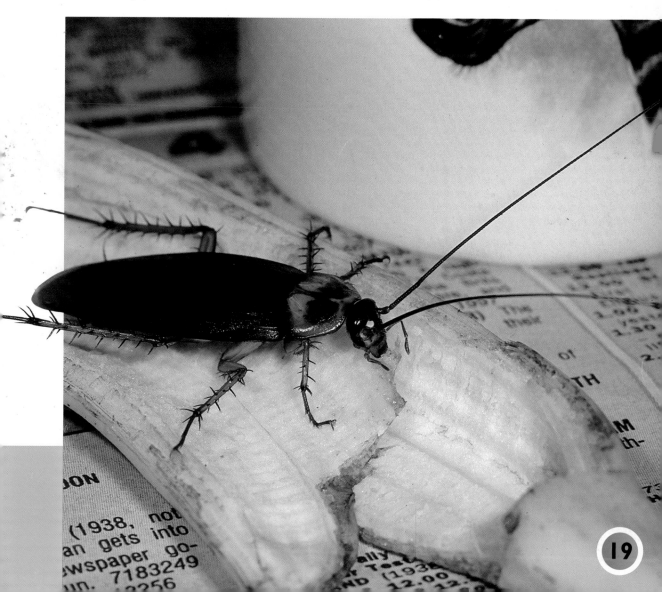

Cómo se mueven

Todas las cucarachas se mueven con
rapidez. Por eso es difícil atraparlas.
Casi siempre bajan la cabeza cuando
corren. Cuando bajan la cabeza,
significa que están buscando comida.

Todas las cucarachas tienen alas, pero no todas pueden volar. Las **hembras** tienen alas más pequeñas que los **machos.** Pocas hembras pueden volar.

Cuánto viven las cucarachas

Algunas cucarachas viven unos pocos meses. Otras viven de dos a tres años. Esas cucarachas pueden tardar un año y medio en llegar a ser adultas.

¿Hay suficiente comida? ¿Hay suficiente agua? ¿Hace suficiente calor? Si hay todo eso, las cucarachas vivirán por más tiempo. Si hace mucho frío, morirán.

Qué hacen las cucarachas

Casi todas las cucarachas son **nocturnas.**
Buscan alimento de noche. Huyen de las
luces brillantes. Corren tan rápido que
es difícil encontrarlas. Se esconden en
los rincones más pequeñitos.

Las cucarachas recogen **microbios.**
Después pasan los microbios a nuestros
alimentos. Por eso debemos guardarlos
y limpiar donde caiga comida.

¿Qué tienen de especial las cucarachas?

Las cucarachas son muy importantes para las plantas y los animales. Mejoran el suelo. Descomponen hojas muertas y excrementos de animales.

Las cucarachas tienen dos **antenas** especiales en la cola. Les dicen si el aire se está moviendo. Si el aire se mueve, tal vez hay animales cerca. Esas antenas les advierten si hay peligro.

Pensemos en las cucarachas

Esta mamá cucaracha lleva un paquete.
¿Te acuerdas qué guarda en el paquete?
¿Para qué sirve?

Tú mueves el aire para refrescarte. Cuando el aire se mueve, ¿qué sabe la cucaracha sobre otros animales?

Mapa del insecto

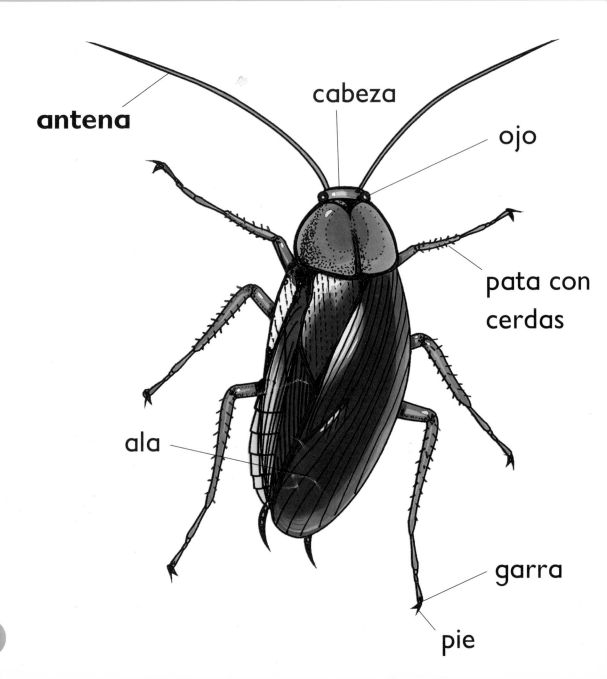

antena

cabeza

ojo

pata con cerdas

ala

garra

pie

Glosario

antena parte del cuerpo de un animal con la que siente o huele

carroñero animal que come cosas podridas

cerda pelo corto y rígido

hembra mujer o niña

insecto animal pequeño que tiene seis patas, cuerpo con tres partes y casi siempre tiene alas

macho hombre o niño

microbio ser vivo que causa enfermedades y que no se ve a simple vista

mudar cambiar de piel

ninfa tiempo en la vida de un insecto justo antes de volverse adulto

nocturno activo de noche

par dos cosas parecidas que van juntas

plaga animales que causan problemas

proteger mantener seguro

sobrevivir mantenerse vivo

tropical muy caliente

Más libros para leer

Un lector bilingüe puede ayudarte a leer estos libros:

Harris, Nicholas. *Bugs*. New York: Time-Life, Incorporated, 1997.

Stone, Lynn M. *Cockroaches*. Vero Beach, Fla.: Rourke Book Company, Incorporated, 1995.

Tucker Slingsby Ltd., Staff. *Pocket Pests: Cockroach*. New York: Simon & Schuster Children's, 1997.

Índice

alas 7, 11, 13, 21
antenas 7, 27
enemigos 16, 17, 27
hembras 10, 11, 21, 28
huevos 10–11
insectos 4, 16
machos 21
moverse 20–21, 24
mudar de piel 12, 13

patas 6, 16
plaga 4, 19
salir del huevo
  10, 11
tamaño 8–9